ALBUM

DES

GIRONDINS.

PORTRAITS ET AUTOGRAPHES.

TRENTE-SIX PORTRAITS

POUR L'HISTOIRE DES GIRONDINS,

Ils sont, dans cet Album, classés par ordre alphabétique.

BAILLY.

BARBAROUX.

BARÈRE.

BARRAS.

BILLAUD-VARENNE.

BRISSOT.

BUZOT.

CAMBON.

CARNOT.

CHARLOTTE CORDAY.

CHARTRES (LE DUC DE).

COLLOT D'HERBOIS.

COUTHON.

DANTHON.

DÉESSE DE LA RAISON.

DESMOULINS (CAMILLE).

DROUET.

DUMOURIEZ.

FOUQUIER-TINVILLE.

GENSONNÉ.

GUADÉ.

LAFAYETTE.

LOUIS XVI.

MARAT.

MARIE-ANTOINETTE.

MIRABEAU.

PHILIPPE ÉGALITÉ.

PETHION.

ROBESPIERRE.

ROLAND.

ROLAND (Mme).

SAINT-JUST.

SANTERRE.

TALLIEN.

THÉROIGNE.

VERGNIAUD.

Châlons, typ. d'Eug. Laurent, successeur de M. Boniez-Lambert."

BAILLY.

BAILLY (JEAN-SYLVAIN), né à Paris en 1766, homme illustre par ses connaissances et citoyen recommandable par toutes sortes de vertus. Il fit d'abord des tragédies, renonça bientôt à ce genre de littérature, étudia l'astronomie sous l'abbé de La Caille et lui succéda dans l'Académie des sciences. Plus tard il fut admis à l'Académie française (1784), et l'année suivante à celle des inscriptions et belles-lettres. On le vit nommé député aux États-Généraux par les électeurs de Paris, puis doyen du Tiers-État présidant l'immortelle séance du jeu de paume, et l'assemblée, quand elle se fut constituée en assemblée générale. Ayant perdu sa popularité par un acte raisonnable, mais qui déplaisait au peuple, il fut forcé de donner sa démission. Il fut témoin à décharge dans le procès de la reine, et mourut sur l'échafaud au Champs-de-Mars, le 11 novembre 1793.

(BESCHERELLE, dict. national.)

BARÈRE.

BARÈRE (Bertrand de Vieuzac), né à Tarbes le 10 septembre 1755.

Cet homme né dans une classe honorable, doué d'un esprit et d'une facilité remarquables, ayant des mœurs douces et tous les goûts qui appartiennent à une âme honnête, Barère a sauvé les jours de cinq cents royalistes, il a fait des actes d'une loyauté et d'un désintéressement presque héroïques, dans les temps de la plus épouvantable terreur.... Et ce même homme s'est associé au délire révolutionnaire, aux plus épouvantables barbaries de Robespierre, de Saint-Just, de Couton !

(Montgaillard.)

BARÈRE.

BILLAUD-VARENNE (Jean-Nicolas), né à La Rochelle en 1762,
entra chez les oratoriens et fut nommé préfet des études à Juilly, puis
avocat en 1785, embrassa avec ardeur les idées révolutionnaires ; déporté
à Cayenne en 1795, il s'évada au bout de vingt ans et se réfugia à Saint-
Domingue où il mourut en 1819.

(BESCHERELLE, dict. national.)

BARRAS.

BARRAS (Paul-François-Jean-Nicolas, comte de), né en 1765 dans le département du Var, d'une vieille famille de laquelle on disait proverbialement : *noble comme les Barras, aussi anciens que les rochers de Provence*. Il embrassa d'abord la carrière des armes ; il fut envoyé dans l'Ile-de-France, puis dans les Indes. Revenu bientôt à Paris, il mangea son patrimoine en se livrant avec excès au jeu et aux femmes ; se montrant royaliste jusqu'au procès relatif aux affaires des 5 et 6 octobre, se jeta ensuite avec ardeur dans le parti révolutionnaire, se fit nommer député à la Convention et vota la mort du roi sans sursis ni appel ; fut un des cinq directeurs. C'est dans son salon que Bonaparte rencontra Joséphine. Renversé par son protégé, Barras vécut retiré, et mourut en 1829.

(Bescherelle. dict. national.)

BRISSOT DE WARVILLE.

BRISSOT DE WARVILLE (Jean-Pierre), naquit au village d'Ouarville , d'où son nom de Warville, le 14 janvier 1754. Chef de la faction des Brissotins ; — membre de la Législative , il fut un des plus implacables ennemis du roi. Ce fut sur son rapport que le 1ᵉʳ février 1793 la guerre fut déclarée à l'Angleterre et à la Hollande. Robespierre, jaloux de l'influence qu'il acquérait, le poursuivit avec acharnement. Proscrit lors de la Révolution du 31 mai 1793, il fut arrêté et décapité à Paris le 31 octobre 1793.

BUZOT.

BUZOT (François-Léonard-Nicolas), né à Évreux le 1er mars 1760 ; avocat dans la même ville, puis député en 1789 aux États-Généraux et en 1792 à la Convention ; fut le premier à provoquer l'établissement de la République, fut un des premiers chefs du parti de Brissot et de la Gironde ; fit décréter le 24 octobre 1793 la peine de mort contre quiconque proposerait le rétablissement de la royauté ; il demanda en même temps la déportation du duc d'Orléans et de son fils. A part ces actes de politique républicaine, il n'eut que des opinions modérées qui appelèrent contre lui la proscription. Au 31 mai 1793 il s'échappe ; de retour dans son pays avec quelques collègues, il fomente une insurrection ; il est mis *hors la loi*. Il fuit la Bretagne, se dirige vers Bordeaux, erre à travers les champs sans oser demander des vivres, et son corps est retrouvé avec celui de Pethion à moitié dévoré par les loups en 1794.

CAMBON.

CAMBON (Joseph), né le 17 juin 1756 à Montpellier. — C'était le rapporteur ordinaire des questions des finances à la Convention. — A l'avènement de Louis xviii, il vivait retiré à la campagne. Nommé réprésentant dans les Cent-Jours, il se trouva compris, au retour de Louis xviii, dans la disposition de la loi d'amnistie relative aux régicides, et mourut près de Bruxelles le 15 février 1820.

CARNOT.

CARNOT (Lazare-Nicolas-Marguerite), un des hommes les plus remarquables qu'ait produit la Révolution française, mathématicien célèbre, général, membre du Directoire et de l'Institut, né à Nolay en Bourgogne en 1753, mort à Magdebourg en 1823.

(Bescherelle, dict. national.)

CHARLOTTE CORDAY.

CORDAY D'ARMACS (Marie-Anne-Charlotte), néc en 1768 à Saint-Saturnin-lès-Vigneaux (Orne). La mort du jeune de Belzunce , son amant, massacré par le peuple que Marat avait soulevé, excita Charlotte Corday à la vengeance (*). Arrivée à Paris le 12 juillet 1793, elle ne put être admise auprès de Marat qu'après de nombreuses instances ; elle le trouva au bain et le poignarda. Arrêtée à l'instant même, elle fut condamnée à mort et monta sur l'échafaud avec le plus grand courage le 17 juillet 1793.

(Besch. D. N.)

(*) Ce fait n'est pas constant, il est même démenti.

CHARTRES (LE DUC DE).

CHARTRES (Le duc de), né à Paris le 6 octobre 1773. — Il avait eu pour parrain et marraine Louis xvi et Marie-Antoinette. — Le 8 août 1792 il part pour l'armée qui se réunissait à Valenciennes ; il assiste aux batailles de Jemmapes et de Valmy. — Il quitte la France avec Dumouriez ; il enseigne les mathématiques dans la petite ville de Reichenau (Suisse), fait un voyage aux États-Unis. De retour en Sicile, il y épouse, le 25 novembre 1809, la princesse Marie-Amélie, née le 26 avril 1782 ; duc d'Orléans depuis la mort de son père (6 novembre 1793). — Rentré en France après le retour des princes de la branche aînée, roi des Français le 8 août 1830 ; déchu du trône le 24 février 1848, il se retire en Angleterre où il meurt le 26 août 1850, dictant la fin de ses mémoires et recevant, entouré de toute sa famille, les consolations de la religion.

COLLOT D'HERBOIS.

COLLOT-D'HERBOIS (Jean-Marie), comédien sans talent, conventionnel, l'un des hommes les plus atroces que la Révolution ait poussés sur la scène politique, mourut à Cayenne où il avait été déporté en 1796.

(Bescherelle , dict. national.)

COUTHON.

COUTHON (Georges), célèbre conventionnel, né en 1756 , mort sur l'échafaud en 1794. Il professa les doctrines les plus violentes et prit part aux mesures les plus sanguinaires de la Convention. Envoyé à Lyon après la prise de cette ville, il y établit le règne de la terreur et fit démolir les édifices les plus remarquables. La chûte de Robespierre entraîna celle de Couthon.

(Besch. D. N.)

DANTON.

DANTON (Georges-Jacques), célèbre conventionnel, né à Arcis-sur-Aube en 1759, fut d'abord avocat, se distingua à l'époque de la Révolution par son élocution véhémente ; fonda le club des Cordeliers, demanda la déchéance du roi dont il vota la mort sans sursis et sans appel, et fut l'auteur des massacres de septembre. Accusé de viser à la dictature, après la chûte des Girondins, il subit la mort avec courage le 5 avril 1794.

(Besch. D. N.)

DÉESSE DE LA RAISON.

RAISON (déesse le la). Le 20 décembre 1793 , jour fixé pour l'installation du nouveau culte , la Convention et les autorités de Paris se rendirent en corps à la cathédrale. Chaumette, assisté de Laïs , acteur de l'Opéra, avait ordonné le plan de la fête. Mlle Maillard , actrice dans tout l'éclat de la jeunesse et du talent, naguère favorite de la reine , toujours adorée du public , avait été contrainte, par les menaces de Chaumette , à jouer le rôle de la divinité du peuple. Elle entra portée sur un palanquin....., les pieds chaussés du cothurne théâtral , ses cheveux décorés du bonnet phrygien, le corps à peine vêtu d'une tunique blanche que recouvrait une chlamyde flottante de couleur céleste....

(Lamartine , tome 7, p. 308.)

DESMOULIN (CAMILLE).

DESMOULIN (Camille), né à Guise, département de l'Aisne, en 1762.
Avocat, camarade de collége de Robespierre , il embrassa avec ardeur
les principes révolutionnaires, dirigea le mouvement du 14 juillet contre
la Bastille, publia la brochure périodique intitulée *le Vieux-Cordelier*,
fut l'auteur des attroupements du Champ-de-Mars , vota la mort de
Louis xvi , et mourut courageusement sur l'échafaud avec Danton le 5
avril 1794.

(Bescherelle, dict. national.)

DROUET).

DROUET , conventionnel, né en 1763, mort en 1824. Maître de poste à Sainte-Ménehould, il reconnut Louis xvi fuyant de Paris avec sa famille et le fit arrêter à Varennes.

(Besch. D. N.)

Il fut avec d'autres Français détenus comme prisonniers en Allemagne échangé contre Marie-Thérèse la fille de Louis XVI, (loi du 12 nivose an III, 30 juin 1795).

DUMOURIEZ.

DUMOURIEZ (Claude-François), né à Cambrai en 1739, fut ministre de la guerre en 1792. Chargé après le 10 août du commandement de l'armée du nord, il fit la belle campagne de l'Argonne, remporta les victoires de Valmy (20 septembre 1792), de Jemmapes (6 novembre), et conquit toute la Belgique. Ayant irrité par sa hauteur la Convention, et se voyant menacé d'être traduit à sa barre, il prit la fuite, séjourna successivement dans plusieurs parties de l'Europe et mourut en Angleterre en 1823.

(Besch. D. N.)

FOUQUIER-TINVILLE.

FOUQUIER-TINVILLE (Antoine-Quentin), né en 1747, près de Saint-Quentin (Aisne), accusateur public près le tribunal révolutionnaire ; remplit tour à tour son ministère contre Marie-Antoinette, les Girondins, Danton, Chaumette et Robespierre ; décreté d'accusation après le 9 thermidor, il mourut sur l'échafaud le 6 mai 1795.

(Besch. D. N.)

GENSONNÉ.

GENSONNÉ (Armand), né à Bordeaux le 10 août 1758, y fut avocat assez distingué, fit partie de la première composition de la cour de cassation. Membre de la Législative et de la Convention, il fut un des trois chefs de la Gironde avec Guadet et Vergniaud. La défection de Dumouriez avec lequel il était en correspondance, la haine jalouse de Robespierre contre son parti, entraînèrent la révolution du 31 mai, son arrestation le 2 juin, son jugement avec vingt-et-un de ses collègues le 31 octobre 1793, c'est dire qu'il périt sur l'échafaud.

GUADET.

GUADET (Marguerite-Élise), né en 1758 à Saint-Émilion (Gironde), avocat à Bordeaux ; député à l'Assemblée législative et à la Convention nationale où il siégea parmi les Girondins ; fut exécuté avec son père à Bordeaux en 1794.

(Bescherelle, dict. national.)

LAFAYETTE.

LAFAYETTE (Gilbert-Mortier, marquis de), un des restaurateurs de la liberté américaine, défenseur zélé des droits du peuple français dans l'assemblée des notables, sauveur du roi et de la reine autant qu'il fut en son pouvoir, partisan zélé des principes libéraux sous Napoléon et sous Louis xviii, et l'un des premiers fauteurs de la Révolution de 1830; naquit à Chavagnac, près de Brioude en Auvergne, en 1757, et mourut à Paris le 20 mai 1834.

(Besch. D. N.)

LOUIS VI.

LOUIS XVI, petit-fils et successeur de Louis xv, né en 1754, époux de Marie-Antoinette d'Autriche en 1770, roi en 1774. Il rappelle la même année les parlements exilés par son prédécesseur, entre dans des voies de réforme et d'améliorations, et met à la tête des affaires Turgot et Malesherbes. — Les finances sont ruinées, Necker en dévoile l'état déplorable ; deux assemblées de notables, réunies en 1787 et 1788, se séparent sans avoir remédié à rien. Réunion des États-Généraux à Versailles, 5 mai 1789. — Necker renvoyé, le peuple de Paris s'empare de la Bastille, 14 juillet 1789 ; un rassemblement de femmes et d'hommes déguisés, court à Versailles et amène la famille royale aux Tuileries, 5 octobre 1789. — Louis xvi prend la fuite, 20 juin 1791, est arrêté à Varennes et ramené à Paris. — En 1792, il refuse sa sanction aux décrets de l'Assemblée. — 20 juin 1792, le château est envahi ; 10 août, le château des Tuileries est emporté d'assaut. Louis cherche un refuge au sein de l'Assemblée législative, qui le suspend de ses fonctions et le fait enfermer au Temple. — La République est proclamée le 22 septembre 1792 ; Louis est traduit à la barre de la Convention, condamné à mort à une majorité de onze voix, et exécuté sans sursis sur la place de la Révolution, le 21 janvier 1793. Louis xvi subit le dernier supplice avec une résignation qui lui a mérité le surnom de *Roi martyr*. Ce prince avait toutes les vertus de l'homme privé, mais il manquait de la résolution, de la fermeté de caractère qu'eussent exigés les terribles événements contre lesquels il lutta.

(Besch. D. N.)

MARAT.

MARAT (JEAN-PAUL), fameux démagogue, né en suisse en 1744. Vint
à Paris exercer la profession de médecin et se fit un certain nom par
ses écrits sur les sciences naturelles. D'un caractère violent, d'une ima-
gination ardente, il embrassa avec exaltation les principes et les idées
de la révolution, publia des journaux incendiaires, devint l'idole du
peuple, s'immisça dans le comité de salut public, eut la plus grande
part aux massacres de septembre, ainsi qu'à la condamnation de Louis xvi,
fit décréter la création du tribunal révolutionnaire, attaqua avec fureur
les Girondins, et par sa politique atroce s'abreuva de sang dans tout le
cours de sa popularité. Il fut assassiné dans son bain par une jeune
femme, Charlotte Corday, qui voulait délivrer sa patrie d'une tyrannie
odieuse, le 13 juillet 1793.

(Besch. D. N.)

MARIE-ANTOINETTE.

MARIE-ANTOINETTE d'Autriche, née en 1755, femme en 1770 du Dauphin, depuis Louis xvi, en 1774; décapitée le 16 octobre 1793.

Le 15, à huit heures du matin, Marie-Antoinette d'Autriche comparait à l'audience publique du tribunal révolutionnaire. Aux interrogations des témoins, s'entremêlent des questions captieuses et outrageantes, elle y répond sans faiblesse, sans fierté et même avec modération. Hors le beau mouvement d'indignation qu'on sait : j'en appelle à toutes les mères qui m'entendent ! aucun mouvement de faiblesse humaine, aucune fierté, aucun emportement n'ont altéré l'âme ni la physionomie de cette princesse devant le tribunal. Chauveau Lagarde et Tronçon du Coudray sont ses défenseurs. — L'arrêt de mort prononcé à quatre heures et demie du matin le 16 ; Marie-Antoinette rentre à la conciergerie. Là, à cette date même du 16 octobre, quatre heures et demie du matin, elle écrit à Mme Élisabeth cette lettre touchante qui fut depuis trouvée dans les papiers du conventionnel Courtois.

Marie-Antoinette sort à onze heures de la conciergerie. Il lui a fallu recourir à la femme du geolier pour avoir des vêtements un peu convenables.... Elle est vêtue toute de blanc, un bonnet de mousseline ordinaire, une camisole de coton, un jupon de la même étoffe. Elle est conduite au lieu de l'exécution dans une des charrettes destinées aux condamnés ; liée comme ils le sont, les mains attachées sur le dos, et faisant face à l'un des côtés.... ; elle arrive sur l'échafaud à midi quelques minutes. Sa contenance est la même ; seulement lorsque l'exécuteur lui ôte violemment le fichu de mousseline commune qui couvre son sein, lorsqu'il rabat le haut de sa camisole, — l'auguste victime secoue fortement la tête, et l'indignation anime ses traits : sa tête tombe sous la hache !

(MONTGAILLARD, tome 4, p. 124.)

MIRABEAU.

MIRABEAU (Henri-Gabriel-Riquetti , marquis de), né en 1749 , mort en 1791 ; mena dans sa jeunesse une vie désordonnée qui le fit repousser par la noblesse aux élections de 1789. — Nommé député du Tiers-État , il s'y déchaîna avec toute la puissance de son éloquence contre tous les abus de la monarchie et de la féodalité , et acquit l'empire de la tribune. Il s'éleva sur la fin de ses jours contre les factieux et parut se rapprocher de la royauté qu'il avait attaquée auparavant.

(Besch. D. N.)

PHILIPPE ÉGALITÉ.

ORLÉANS (Louis-Philippe-Joseph duc d'), né en 1747 ; il se montra de
bonne heure hostile à la cour ; aigri, dit-on, par le refus qui lui fut fait
de la charge de grand amiral, il servit de point de ralliement aux divers
partis. Député en 1792 à la Convention nationale, il prit le nom de Phi-
lippe-Égalité et vota la mort du roi ; il n'en fut pas moins mis lui-même
en accusation, et eût la tête tranchée le 6 novembre 1793.

(Besch. D. N.)

PETHION.

PETHION DE VILLENEUVE (Jérome), avocat, né à Chartres en 1759 ;
fut député aux États-Généraux en 1789 ; succéda à Bailly, en novembre
1791, dans la charge de maire de Paris, fomenta l'insurrection du 20
juin 1792 ; fut député d'Eure-et-Loire à la Convention nationale qu'il
présida le premier ; vota la mort du roi, mais avec appel et sursis ; fut
enveloppé dans la proscription du parti de la Gironde, et trouvé à moitié
dévoré par les loups dans les landes de Saint-Émilion en 1794.

(Besch. D. N.)

ROBESPIERRE.

ROBESPIERRE (François-Maximilien-Isidore-Joseph de), né à Arras
en 1759, remplissait les fonctions d'avocat au conseil supérieur d'Artois
en 1789 lorsqu'il fut nommé aux États-Généraux. Il flatta la multitude
dont il fut bientôt l'oracle, et après avoir changé souvent de nuances,
il se mit à la tête des meneurs les plus violents ; à partir de 1791, devint
le chef réel du club des Jacobins et fut nommé accusateur public près
le tribunal criminel de la Seine. Il déploya dans ses fonctions la plus
grande partialité, et se montra impitoyable. Nommé membre de la Convention, il dirigea le procès de Louis xvi, établit le système de la terreur dans toute la France et siégea presque continuellement au comité
de salut public qu'il dominait et par lequel il fit sanctionner les mesures
les plus sanguinaires. Il acheva de ruiner le fédéralisme et la Gironde
au 31 mai 1793, et se défit bientôt après de Danton, son rival de puissance. Devenu dès lors tout puissant, Robespierre songeait à négocier
ou à organiser un gouvernement stable et voulait même établir un simu-
lacre de religion ; fit célébrer le 8 juin 1794 une fête en l'honneur de
l'Être-Suprême, fête à laquelle il présida à la tête de la Convention, en
tenant à la main un gros bouquet de fleurs et d'épis ; mais il n'eut le
temps de rien fonder. La Convention le décréta d'accusation avec ses
adhérents. Il périt sur l'échafaud le 28 novembre 1794 (10 Thermidor
an ii). Avec lui finit le régime de la terreur.

(Besch. D. N.)

ROLLAND.

ROLAND DE LA PLATIÈRE (Jean-Marie), ministre; né en 1752 à Villefranche. Il était inspecteur général du commerce quand il fut porté en 1790 à la municipalité de Lyon, où il fonda un club de Jacobins. Il devint en mars 1792 ministre de l'intérieur et bientôt fut renvoyé avec plusieurs de ses collègues, prit part à l'insurrection du 10 août, redevint alors ministre de l'intérieur, s'opposa aux massacres de septembre et à la domination de la Montagne, mais ne réussit point à maîtriser ce parti; se fit haïr des meneurs les plus avancés, fut accusé de fédéralisme, réduit à donner sa démission, puis enveloppé dans la proscription des Girondins; il échappa pendant cinq mois aux recherches; mais instruit du supplice de sa femme, il se donna la mort sur la grande route près de Rouen, le 15 novembre 1793. On a de lui des lettres, des mémoires et divers travaux industriels.

(Besch. D. N.)

ROLAND.

ROLAND (Manon-Jeanne PHILIPON, Mme), femme de Roland de la Platière, née à Paris en 1754, fit presque seule son éducation, lut sourtout Plutarque où elle puisa ses sentiments républicains ; épousa Roland en 1780, le fit avancer, fut la rédactrice principale du Courrier d'Lyon, fondé par lui à la Révolution ; le suivit à Paris, se lia avec ses amis les girondins et devint, par sa vivacité d'esprit et son enthousiasme, l'âme de leur conseil ; elle dirigea tout le ministère de l'intérieur sous le nom de son mari. Plus haïe encore que lui par la Montagne, elle fut arrêtée après le 31 mai ; elle eut la tête tranchée le 9 novembre 1793. En prison, au tribunal et sur l'échafaud, elle déploya la plus noble fermeté. On lui doit des mémoires intéressants et curieux.

(BESCH. D. N.)

SAINT-JUST.

SAINT-JUST (Antoine), l'un des séïdes de Robespierre ou des complices les plus dévoués à sa tyrannie; né à Decise, dans le Nivernais, en 1768. Commissaire près l'armée du nord , il mit à Strasbourg *la terreur à l'ordre du jour* et la guillotine *en permanence*. Robespierre disait à la convention, le 23 novembre 1793 : Saint-Just a rendu les services les plus éminents, en créant une commission populaire. . . . Le 25 février 1794 , Saint-Just disait à la tribune : *osez ;* ce mot renferme toute la politique de notre Révolution. . . . . A la séance du 9 thermidor, il fut mis *hors la loi*. Il périt le lendemain sur l'échafaud avec Robespierre (10 thermidor an ii, 28 juillet 1794), à l'âge de 26 ans. Saint-Just ainsi que Robespierre méprisaient le ton grossier et les vêtements négligés des démagogues. Il était élégant, d'une assez jolie figure et d'une tournure distinguée.

(Besch. D. N.)

SANTRERE.

SANTERRE (Claude), brasseur du faubourg Saint-Antoine, se rendit
fameux à l'époque de la Révolution par l'influence qu'il exerça et par la
part qu'il prit aux actes iniques ou du moins féroces de ces malheureux
temps. Il conduisit Louis xvi et sa famille au Temple et puis à l'échafaud, et n'eut aucun égard à la situation de ces augustes malheureux.
On dit que Louis xvi ayant voulu parler au peuple du haut de l'échafaud, Santerre fit couvrir sa voix par un roulement de tambour. Il mourut en 1808 ou 1812.

(Besch. D. N.)

TALLIEN.

TALLIEN (Jean–Lambert), né à Paris en 1769. D'abord clerc de procureur et commis, se jeta dans la révolution avec ardeur , devint secrétaire-greffier de la commune de Paris et membre de la Convention. Fut envoyé à Bordeaux pour y établir la terreur, et y connut Mme Fontenay, depuis Mme Tallien, qui parvint à le rendre plus modéré. Devenu suspect, li contribua puissamment à la chûte de Robesiperre (9 thermidor); c'est, dit-il, en montrant un poignard, c'est le poignard de Brutus dont je me suis armé pour frapper le dictateur (27 juillet 1794); fit partie du conseil des Cinq-Cents, suivit Bonaparte en Égypte, fut pris par les Anglais à son retour et nommé Consul à Alicante. Il mourut dans l'obscurité en 1820.

(Besch. D. N.)

THÉROIGNE.

THÉROIGNE DE MÉRICOURT, fille d'un cultivateur du pays de Liége, vint à Paris au commencement de la Révolution, établit en 1791 une espèce de club dans sa maison, où se réunissaient les principaux conventionnels. Elle prit une part active à toutes les horribles journées de cette époque, haranguant le peuple et souvent même trempant ses mains dans le sang des victimes. Morte à la Salpêtrière en 1817.

(Besch. D. N.)

VERGNIAUX.

VERGNIAUX (P.-VICTORIN), né à Limoges en 1759, était avocat à Bordeaux lorsqu'il fut envoyé à l'Assemblée législative (1791), où il se mit à la tête du parti des Girondins et se fit remarquer par l'éloquence de ses discours, qui hâtèrent la chûte de la monarchie. Réélu pour faire partie de la convention, il vota la mort de Louis XVI, avec l'appel au peuple, fut compris dans la proscription des Girondins (31 mai) et fut exécuté avec vingt-et-un d'entre eux le 31 octobre 1793.

(BESCH. D. N.)

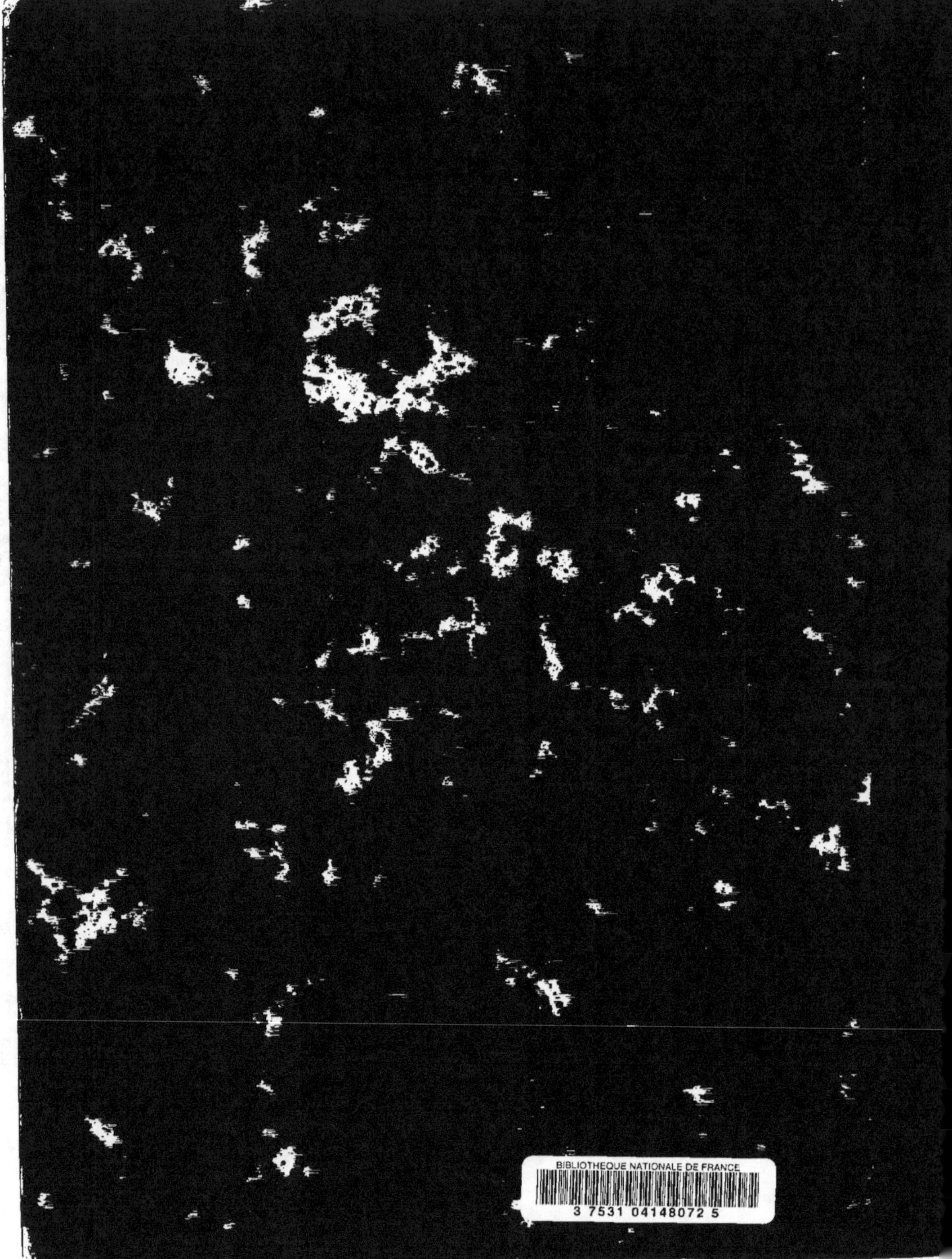